Hartmut Wilke

Meine Schild-kröte
und ich

Fotos: Christine Steimer
Zeichnungen: Renate Holzner
Geschichten: Gabriele Linke-Grün

Inhalt

Typisch Schildkröte

Goldene Regeln für die Haltung

10 Goldene Regeln zur Ausstattung 7

10 Goldene Regeln zur Ernährung 9

10 Goldene Regeln zur Pflege 11

take care

Überlebende aus der Saurierzeit 14

Wahre Einzelgänger 14

Tabelle: So sind Schildkröten 16

Den richtigen Partner finden 17

TIPP vom ZÜCHTER 18

Schildkrötennachwuchs in Sicht 18

Aufzucht der Jungtiere 19

Gute Nase und scharfe Augen 21

Schildkrötenverhalten 22

TIPP vom TIERARZT 23

Test: Wie gut kennen Sie Ihre Schildkröte? 25

watch it

INHALT

Vertrauen schaffen von Anfang an

love it

TIPP vom THERAPEUTEN 28

Was eine Schildkröte empfindet 28

Tabelle: Wunschzettel der Schildkröte 29

Kinder und Schildkröten 30

Extra-Seiten zum Ausklappen: »Vertrauen aufbauen Schritt für Schritt« 32

Tabelle: Partnertest 35

Extra-Seiten zum Ausklappen: »Sommerfrische« 36

Schildkröten erleben

Verschollen	15
Auf Wanderschaft	20
Nochmal davon gekommen	31
Goliath und Mimi	39
Die Gartenparty	50
Schreck in der Morgenstunde	59

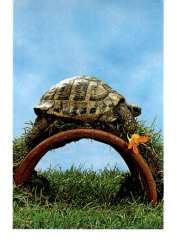

Spiel und Spaß mit der Schildkröte

have fun

Extra-Seiten zum Ausklappen: Abenteuerspielplatz für Schildkröten 42

Fitness-Parcours gestalten 43

Test: Wie ist die Stimmung Ihrer Schildkröte? 47

Schildkröten richtig beschäftigen 48

Test: Der Wohlfühltest für Ihren Liebling 49

Wasserschildkröten fördern 51

TIPP vom ZOOFACHHÄNDLER 51

Glücklich und aktiv im Alter

old & happy

Wie alt werden Schildkröten? 54

Tabelle: Was sich im Alter ändert 54

Die alte Schildkröte 55

TIPP vom TIERARZT 56

Abschied vom Tier 57

Wenn der Partner stirbt 58

Register 60

Adressen 62

Impressum 62

Steckbrief: So ist meine Schildkröte 64

Goldene

Diese Rotbauchschmuckschildkröten leben in der Natur. Obwohl alle Schildkröten Einzelgänger sind, teilen sie sich oft aus reiner Platznot den heiß begehrten Sonnenplatz. Schildkröten können selbst keine Körperwärme erzeugen, sondern sind auf eine Wärmequelle angewiesen.

Regeln
für die Haltung

TAKE CARE 5

take care

6 TAKE CARE

TAKE CARE

Die
10 Goldenen
Regeln zur
Ausstattung

1 Für Landschildkröten (Mindestgröße des Terrariums): Länge = Panzerlänge des ausgewachsenen Tieres x 5. Grundfläche: Länge x Länge.

2 Landschildkröten brauchen ein Badebecken mit 22 bis 24 °C warmem, stets sauberem Wasser.

3 Pflanzen als Dekoration unerreichbar für die Landschildkröte platzieren.

4 Für Sumpf- oder Wasserschildkröten (Mindestgröße des Aquaterrariums): Länge = Panzerlänge des ausgewachsenen Tieres x 5. Panzerlänge x 3 ergibt Breite und Höhe.

5 Unterwasser-Kletterhilfen für schlechte Schwimmer und Ruheinseln für alle sind unverzichtbar.

6 Gilt für alle Schildkröten: Sie brauchen ein Versteck für ihre Ruhezeit.

7 Sorgen Sie für einen ruhigen, zugluftfreien Terrarienstandort.

8 Verwenden Sie »Flusssand« mit rundlichen Körnern für den Gehegeboden.

9 50 bis 75 Prozent Glasabdeckung auf dem Terrarium schützen vor Zugluft.

10 Ohne Freilandaufenthalt ist eine regelmäßige UV-Besonnung nötig.

8 TAKE CARE

TAKE CARE

Die 10 Goldenen Regeln zur Ernährung

1 Speziell für die Landschildkröte: Sie wird täglich, vorwiegend pflanzlich an Land gefüttert.

2 Füttern Sie 65 bis 75 Prozent rohfaserreiche Ballaststoffe wie Gras, frische Blätter und Heu.

3 Höchstens 10 Prozent süßes Obst füttern, sonst kann die Gesundheit des Tieres Schaden nehmen.

4 Sammeln Sie frische Kräuter von einer Wiese. Das ist besser als Salat!

5 Keine Milch, kein Weißbrot und keine Nudeln füttern.

6 Speziell für die Sumpf- und Wasserschildkröte: Sie werden vorwiegend mit Fleisch (Fisch, Rind, Rinderleber) gefüttert.

7 Babys werden täglich, Jungtiere jeden zweiten Tag, Erwachsene ein- bis zweimal pro Woche gefüttert.

8 Wasserschildkröten grundsätzlich nicht an Land füttern, sondern im Wasser.

9 Gilt für alle Schildkröten: Futter stets zu den Aktivitätszeiten, also außerhalb der Ruhezeiten, verabreichen.

10 Futterzusätze zweimal wöchentlich (Vitamine, Mineralsalzgemische) halten fit.

take care

TAKE CARE

Die 10 Goldenen Regeln zur Pflege

1 Stammt die Schildkröte aus gemäßigten Breiten, muss sie ihre Winterruhe halten können.

2 Freilandhaltung, während des Sommers auf dem Balkon oder im Garten, steigert die Vitalität.

3 Schaffen Sie Möglichkeiten zur Eiablage, auch bei einzeln gehaltenen Weibchen.

4 Regelmäßig Buch über das Körpergewicht führen. Ein wichtiges Hilfsmittel zur Kontrolle des Gesundheitszustandes.

5 Kontrollieren Sie regelmäßig den Panzer auf Risse, Löcher oder Bläschen hin.

6 Einen zu langen Schnabel oder zu lange Krallen vom Tierarzt kürzen lassen.

7 Rechtzeitig an eine Urlaubsvertretung für die Pflege des Tieres denken.

8 Terrarium täglich von Futterresten und Kot befreien. Einmal pro Woche gründlich reinigen.

9 Wasserschildkröten dürfen nicht in verschmutztem Wasser leben. Je nach Beckengröße alle zwei bis drei Tage Wasser teilweise oder ganz wechseln.

10 Zweimal jährlich Kotproben untersuchen lassen, besonders vor der Winterruhe.

Typisch

Goliath trifft Momo, die junge Landschildkröte. Doch mehr als neugieriges Beschnuppern ist nicht drin. Schildkröten lassen sich nur während der Paarungszeit auf eine kurze Bindung ein. Danach geht jeder wieder seine eigenen Wege. Selbst die Mutter hat mit ihren Jungen nicht viel im Sinn. Die Kleinen sind von Anfang an auf sich selbst gestellt.

Schildkröte

WATCH IT 13

Überlebende aus der Saurierzeit

Schildkröten gab es schon vor über einer Million Jahren auf der Erde. Sie sahen den heute noch lebenden zum Teil recht ähnlich. Wahre Riesen waren darunter, die mit über 3,50 Meter Panzerlänge im Meer lebten. Die ausgestreckten Vorderbeine erreichten eine Spannweite von nahezu 5 Metern! Solche »Größen« sind inzwischen zwar ausgestorben, doch leben auch heute noch Schildkröten mit eindrucksvollen Maßen im Meer und auf Galapagos und den Seychellen. Die Zwerge unter den Schildkröten messen dagegen gerade mal 12 Zentimeter, wie die Tropfen- und die Klappschildkröte in Nordamerika.

Die meisten Schildkröten haben sich in den Tropen und Subtropen angesiedelt, wo ihnen Sonne stets ausreichend zur Verfügung steht. Sonne ist für Schildkröten als »Wechselwarme« lebensnotwendig, da sie keine eigene Körperwärme – wie etwa der Mensch – erzeugen können. Die wenigen Arten, die heute in kälteren Regionen der Erde überleben, schaffen das, indem sie in der kalten Jahreszeit eine Winterruhe einlegen.

Wahre Einzelgänger

Wenn eine Schildkröte so alleine durch das Gehege läuft, könnte man Mitleid mit ihr bekommen – so einsam! Doch genau das trifft in der Regel nicht zu. Selten wird sich eine Schildkröte einsam fühlen. Sie ist von Natur aus ein wahrer Einzelgänger und leidet nicht unter dem Mangel an einer Partnerin oder einem Partner – fast nicht –, wenn da nicht die Fortpflanzungszeit wäre. Dann sind Schildkröten vorübergehend geselliger.

Für solch einen Leckerbissen kommt man gerne aus seinem Versteck hervor.

Im Garten verschollen

Goliath, unser Landschildkröten-Männchen, lebt schon seit vielen Jahren bei uns. Den Sommer verbringt Goliath in seinem Freigehege im Garten. Hier gibt es ein Häuschen, das Schutz vor schlechtem Wetter bietet und eine "Terrasse" aus Steinfliesen, einen kleinen Teich zum Baden und viele Versteckmöglichkeiten. Den Winter verschläft Goliath in seiner behaglichen Überwinterungskiste im kühlen Keller. Ende September, wenn die Tage kürzer werden, liegt Goliath bei sonnigem Wetter oft stundenlang auf den warmen Steinfliesen seiner "Terrasse" und wärmt sich den Bauch. Dies ist für uns das sichere Zeichen: Zeit für Goliaths Winterruhe. Doch in diesem Herbst war alles anders. Obwohl die Sonne schien, blieb die "Terrasse" leer. Goliath war verschwunden. Zwar ist die Freianlage durch eine Einfriedung gesichert, doch Goliath musste eine "undichte" Stelle gefunden haben. Wir suchten den Garten ab – ohne Erfolg. Keine Spur von unserem Schildkrötenmann. Der Winter kam mit viel Schnee und strengem Frost. Welches Schicksal hatte Goliath wohl ereilt? An einem warmen Tag, Ende April, saßen wir gemütlich beim Kaffee im Garten. Wehmütig betrachtete ich Goliaths Gehege. Da bewegte sich doch etwas unter dem Busch! Staunend beobachteten wir, wie Goliath dem Boden "entstieg". Also hatte er sich leichtsinnigerweise auf eigene Faust ein Plätzchen zum Überwintern gesucht. So ungeschützt hätte er von Mardern oder Ratten angeknabbert werden können. Doch Goliath ging es offensichtlich gut und wir freuten uns, ihn wieder zu haben.

Geradezu unruhig durchstreifen sie das Gelände, um eine »Zufallsbekanntschaft« zu machen, die aber nicht von langer Dauer ist.

Sie können allerdings auch Schildkröten außerhalb der Paarungszeit in der Natur dicht gedrängt an Ufern oder auf Baumstämmen beim Sonnenbaden beobachten. Doch auch hier werden sie nicht von dem sozialen Bedürfnis nach Gesellschaft zusammengehalten, sondern aus reiner Platznot. Wenn der Sonnenplatz klein, die Zahl der Schildkröten aber groß ist, dann bilden sich vorübergehend solche Zweckgemeinschaften. Sobald man genügend Sonne getankt hat, läuft alles wieder auseinander.

→ Das tut Ihrer Schildkröte gut: Haben Sie mehrere Schildkröten, wobei eine ständig von der anderen

verfolgt wird? Dabei handelt es sich meist um Sexual- oder Rivalitätsverhalten. Bringen Sie die Verfolgerin vorübergehend oder auf Dauer in einem getrennten Gehege unter.

Wo Schildkröten leben

Schildkröten haben sich bei der Eroberung ihres Lebensraumes nicht nur an verschiedene Klimazonen, sondern auch an die unterschiedlichsten Lebensformen anpassen müssen. Man sagt, sie haben verschiedene »Nischen« besetzt.

Zum Beispiel verbringen die Meeresschildkröten ihr Leben in den Ozeanen und betreten das Land nur zur Eiablage. In den großen Flusssystemen und Seen leben weltweit Wasserschildkröten, die ebenfalls nur noch zur Ei-

So sind Schildkröten

→ Sie stammen aus der Zeit der Saurier.

→ Ihr Panzer besteht aus Haut und Knochen und ist entsprechend verletzbar.

→ Manche Panzer lassen sich dank Klappen und Scharniergelenken völlig verschließen.

→ Sie besitzen keine Zähne. Die Nahrung wird mit scharfen Kieferscheiden zerkleinert.

→ Sie orientieren sich auf ihren Streifzügen am Sonnenstand.

→ Zur Fortpflanzung legen manche Arten nur ein Ei, andere über 150 Eier pro Gelege.

→ Bei manchen Arten schlüpfen Jungtiere bereits nach 30 Tagen, bei anderen Arten erst nach über 400 Tagen aus dem Ei.

→ Jungtiere kleiner Arten wiegen nur 15 bis 20 Gramm, während ausgewachsene Riesenschildkröten bis zu 250 Kilogramm schwer werden können.

→ Die meisten Arten, die für das Terrarium geeignet sind, erreichen ein Alter von etwa 60 bis 120 Jahren.

ablage das Land erklettern. Sie sind bis in schnell fließende tropische Gebirgsbäche vorgedrungen, vergraben sich im Schlamm morastiger Tümpel, haben Steppen und Wüsten erobert, deren Hitze und Dürreperioden z.B. von der Russischen Landschildkröte nur dadurch überdauert werden, dass sie lange Tunnel gräbt und darin eine »Sommerruhe« hält, das Gegenstück zur Winterruhe.

Manche Schildkrötenarten sind schnelle Jäger (Meeresschildkröte) andere wiederum geduldige Beuteangler (Schnappschildkröte) und Lauerer (Fransenschildkröte). Es gibt auch Schildkröten, die als Jungtiere im Wasser leben und sich erst »im Alter« länger an Land aufhalten (*Cyclemys mouhoti*).

→ Das tut Ihrer Schildkröte gut: Informieren Sie sich genau über den natürlichen Lebensraum des Tieres und sorgen Sie für ein entsprechendes Klima im Terrarium.

Wenn der Sonnenplatz zu klein ist, muss notfalls auch übereinander in der Sonne »gebadet« werden.

Den richtigen Partner finden

Die Balzzeit findet bei Schildkröten aus gemäßigten Breiten stets im Frühjahr statt. Für tropische Schildkröten ist das der Beginn der Regenzeit in ihrer Heimat.

In dieser Zeit können Sie Männchen und Weibchen derselben Art zusammenbringen. Beobachten Sie sorgsam das Verhalten des Männchens, denn das ist der deutlich aktivere, auch aggressivere Teil. Das Weibchen muss stets Gelegenheit zum Ausweichen haben, wenn ihm das Männchen nicht gefallen sollte.

Stimmen jedoch beide in ihren Neigungen überein, kann es gut sein, dass sie auch nach der Paarung in einem Gehege – ohne Streitereien – zusammenbleiben können.

TIPP vom ZÜCHTER

Schildkröten aus gemäßigten Breiten sollten eine Winterruhe einlegen. Dies ist wichtig für die Fortpflanzungsaktivität im Frühjahr, die durch das gleichzeitige Erleben des Frühlings mit Sonne, größer werdenden Tageslängen und reichlichem Futterangebot stimuliert wird.

➔ Das tut Ihrer Schildkröte gut: Stellen Sie immer mehr Versteck-, Futter- und Sonnenplätze zur Verfügung, als Sie Schildkröten haben. Dann gibt es keine Konkurrenz und keinen Streit um Lieblingsplätze. Vor allem beim gleichzeitigen Füttern einer großen und einer sehr kleinen Schildkröte besteht die Gefahr, dass die größere der kleineren unabsichtlich in den Kopf beisst. Besser ist da die getrennte Fütterung an zwei verschiedenen Plätzen.

Schildkrötennachwuchs in Sicht

Viele beliebte Schildkrötenarten werden mit 3 bis 6 Jahren geschlechtsreif. Wenn Sie ein verträgliches Pärchen zusammenstellen konnten, dürfen Sie sich auf Nachwuchs freuen. Allerdings müssen auch einzeln gehaltene, erwachsene Weibchen Gelegenheit haben, Eier abzulegen, wenn auch unbefruchtete. Sonst kommt es zur Legenot mit fatalen gesundheitlichen Folgen. Es ist soweit, wenn Ihre Schildkröte beginnt, mit den Hinterbeinen zu scharren, um eine Grube für die Eiablage auszuheben. Das macht sie in ihrer Not auch auf dem blanken Fußboden, wenn kein weicher Untergrund vorhanden ist. Sumpf- und Wasserschildkröten können ihre Eier im Wasser »verlieren«. Oft fressen sie diese dann wieder auf.

Wie sieht nun ein Nistplatz aus, der Ihrer Schildkröte gefällt? Landschildkröten vergraben ihre Eier im Terrarium, wenn die Sandhöhe mindestens der Panzerlänge entspricht. Es ist gut, in jedem Terrarium eine Zone mit warmem, leicht feuchtem Sand zu haben.

Sumpf- und Wasserschildkröten brauchen eine Eiablage-Kiste. Diese hängen Sie an das Aquarium an, so dass die Schildkröte den Landteil über eine Rampe oder einen dicken Ast erreichen kann. Die Kiste sollte etwa so lang sein wie das Terrarium und mindestens doppelt so breit, wie die Schildkröte lang ist. Die Sandhöhe muss mindestens der Panzerlänge entsprechen. Schildkröten können ihre Eier in einem Abstand von 5 bis 10 Tagen legen.

Die Jungen schlüpfen

Im Ei entwickelt sich der Keim auf dem großen Dottersack. Schildkröteneier sind auf eine Entwicklung ohne Brutpflege in der Erdgrube eingerichtet. Nach 30 Tagen (bei Weichschildkröten), auch erst nach 90 Tagen (bei Schmuckschildkröten) oder 150 Tagen (bei Schlangenhalsschildkröten) zeigen sich die ersten Risse im Ei. Bald arbeitet das Junge mit seinem »Schnabelmeißel«, der Eischwiele, ein Loch in die Schale und steckt die Nase heraus.

Der Schlupfvorgang dauert 1 bis 3 Tage. Lassen Sie die Tiere in dieser Zeit unbehelligt. In den nächsten Tagen bildet sich ihr Dottersackrest am Bauchnabel zurück. Das ist ein meistens nur erbsengroßes Gebilde, das die Schildkröte auch nach dem Schlupf noch verdauen bzw. »verwerten« kann.

Aufzucht der Jungtiere

Ziehen Sie die frisch geschlüpften Jungtiere immer getrennt von den Elterntieren auf. Die Lebensbedingungen, wie Lichtverhältnisse, Temperatur, Futter, sind mit denen der erwachsenen

Geradezu halsbrecherisch mutet das Paarungsritual mancher Schildkrötenarten an.

Auf Wanderschaft

In Goliaths Gehege wachsen eigenlich alle Leckerbissen, von denen Schildkröten in der Natur meist nur träumen können: wilde Kräuter, Löwenzahn und Gänseblümchen. Doch Goliath dachte wohl, jenseits seines Geheges und unseres Gartens gäbe es noch Besseres. Eines Tages entwischte er aus dem Gehege und entdeckte auch noch ein kleines Loch im Gartenzaun, das uns bisher entgangen war. Endlich! Hier war die Chance, auf die er gewartet hatte. Nichts wie weg! Goliath wanderte über die angrenzenden Äcker und Wiesen. Vom Gartenzaun aus hatte es doch ausgesehen wie das Schlaraffenland. Aber die saftigen Wiesen waren gerade gestern vom Bauern gemäht worden, und auf den Äckern wuchsen nur dicke Maisstengel. Zwei Tage irrte Goliath nun schon umher.
Er war müde und hatte Hunger. Er sehnte sich nach "seinem" Garten. Doch wo war der? Dann besann sich Goliath auf seine hervorragende Nase und sein gutes Ortsgedächtnis. Und tatsächlich gelang es ihm, den Weg zurück zu finden. Nur das Loch im Zaun fand Goliath nicht mehr. Dazu war es zu klein gewesen. Verzweifelt lief er den Gartenzaun entlang – aber er fand keinen Durchschlupf. Welch ein Glück, dass ich Goliath nach langer Suche am Zaun entdeckte. Vorsichtig hob ich ihn hoch und setzte ihn in sein Gehege. Bis heute hat Goliath keinen Ausbruchversuch mehr unternommen. Scheinbar hat er "die Nase voll" vom großen Abenteuer.

Tiere identisch. Allerdings fressen die Jungtiere nicht gleich nach dem Schlupf. Etwa eine Woche wird vergehen, bis sich ihr Stoffwechsel von der Verdauung des Dotters auf die Verdauung fester Nahrung umgestellt hat. Schneiden Sie das Futter etwas kleiner, damit es für die Jungtiere gut zu greifen ist.

➜ Das tut Ihrer Schildkröte gut: Nach der Eiablage – wenn Sie es abschätzen können auch vorher – jeweils für drei bis vier Wochen Futterkalk ins Futter geben, den der Organismus zum Aufbau der Eischalen bereitstellen muss. Die jungen Schildkröten werden mit dem gleichen Futter gefüttert, das die Eltern bekommen. Ausnahme: z.B. junge *Chrysemis*-Arten, die sich als Jungtiere vorwiegend fleischlich, als erwachsene überwiegend pflanzlich ernähren. Sorgen Sie für eine geregelte Kalk- und Vitaminzufuhr. Übertreiben Sie die Vitaminversorgung jedoch nicht! Das wäre ebenso schädlich wie eine Unterversorgung. Füttern Sie die Jungen getrennt von den Großen!

Gute Nase und scharfe Augen

Der Mensch orientiert sich vorrangig mit Auge und Ohr, die Schildkröte dagegen vor allem mit der Nase und den Augen.

Sehen: Die Augen der Schildkröte sehen in der Ferne sehr scharf. Deshalb ist sie in der Lage, bereits von weitem Futter und Feinde wahrzunehmen. So kann die Griechische Landschildkröte z.B. aus größerer Entfernung eine ihrer Lieblingsspeisen, die gelbe Löwenzahnblüte, erkennen. Direkt davor lassen die weitsichtigen Augen sie jedoch im Stich und sie muss sich von der Nase leiten lassen. Farben unterscheiden Schildkröten sehr gut, wobei sie Infrarotanteile im Licht erkennen, die für den Menschen unsichtbar sind.

Riechen und Schmecken: Im Nasenraum besitzt die Schildkröte noch das »Jacobsonsche Organ«, benannt nach seinem Entdecker. Es enthält leistungsfähige Sinneszellen, mit deren Hilfe die

Gleichklang selbst beim Futtern ist häufig bei Jungtieren, seltener bei Erwachsenen zu finden.

Landschildkröten Duftstoffe sehr gut unterscheiden können. Dieses Organ funktioniert vermutlich noch besser unter Wasser als an Land und erlaubt es Wasserschildkröten, durch die Nasenöffnung eingesogenes Wasser auf Gerüche zu prüfen. Der Geruchssinn führt die Schildkröte übrigens auch erstaunlich zielsicher zum Geschlechtspartner.

Das Schmecken wird, wie beim Menschen auch, wesentlich vom Geruchsempfinden mitbestimmt. Über den reinen Geschmackssinn der Zunge ist wenig bekannt.

Hören: Eine äußere Ohrmuschel fehlt. Das Trommelfell liegt, oft als rundliche Scheibe erkennbar, manchmal auch unter Schuppen getarnt, seitlich am Kopf hinter den Augen. Schildkröten nehmen tiefe Töne am besten wahr. Auch Bodenschwingungen (Tritt, fallende Steine) werden wahrgenommen, indem die Schwingungen über die Beine und den Panzer zum Innenohr weitergeleitet werden.

Schildkrötenverhalten

Das Verhalten der Schildkröte gibt Auskunft über ihr Wohlbefinden, ihre Gemütslage, ihre Intelligenz und Lernfähigkeit. Dabei vermitteln Schildkröten ihre Stimmung über eine eigene Körpersprache, die auch der wechselseitigen Verständigung dienen kann.

An der Wand entlanglaufen und klettern: Wenn die Schildkröte unablässig an der Wand des Aquariums entlangstreift, deutet dies in der Regel auf unpassende Lebensumstände hin. Als Erstes sind hier Temperatur, Luftfeuchtigkeit, Belästigung durch Rauch oder Lärm zu nennen. Dasselbe Verhalten zeigen Sumpf- und Wasserschildkröten durch Entlangschwimmen an der Scheibe. Ausnahme: Die Schildkröte hat ihr Terrarium neu bezogen und erkundet es. Nach 1 bis 2 Tagen sollte sie aber zur Ruhe gekommen sein.

Graben in der Erde: Scharrt Ihre Landschildkröte unablässig mit den Hinterbeinen in der Erde und ist sie von der Größe her mindestens in einem

Ganz schön anstrengend, aus dem engen Ei herauszukommen. Immerhin hat es mehrere Stunden gedauert. Doch jetzt geht's hinaus in die Welt.

Stadium, das sich zwischen Halbwüchsigkeit und ausgewachsenem Zustand bewegt, besitzen Sie möglicherweise ein Weibchen, das Eier ablegen will. Dieses Verhalten ist auch zu sehen, wenn gar keine Erde vorhanden ist. Treffen Sie dann alle Maßnahmen, um der Schildkröte die Eiablage zu ermöglichen.

Die Schildkröte wühlt unter Wasser im Kies: Wasserschildkröten wühlen gerne unter Wasser im Sand oder Kies nach Nahrung.

Alle viere von sich strecken: Dieses Verhalten an Land, bei dem die Schildkröte alle Gliedmaßen, dazu Kopf und Schwanz so weit wie möglich aus dem Panzer hervorstreckt, beobachten Sie in der Regel immer dann, wenn das Tier ein Sonnenbad nimmt. Achtung! Wenn Ihre Schildkröte ganztags in dieser Position unter einer Heizungs- oder UV-Lampe liegt, ist sie vermutlich krank.

Aufmerksamkeit: Das Tier richtet sich auf allen ausgestreckten vieren auf und reckt den Kopf nach oben. Das ist ein Zeichen großer Aufmerksamkeit. Es zeigt so ein neugieriges Verhalten für seine Umgebung. Diese Haltung erleichtert außerdem die Entleerung des Darmes.

Kopf und Beine einziehen: Zieht die Schildkröte Kopf und Beine ruckartig zurück, hat sie sich erschreckt und möchte nicht gestört werden.

TIPP vom TIERARZT

Schildkröten-Weibchen können in einem engen Terrarium von einem balzenden Männchen durch Bisse in den Hals oder in den Schwanz verletzt werden. Zur Not dürfen Sie das Männchen dann nur stundenweise und unter Aufsicht zu dem Weibchen setzen.

Sexualverhalten: Die Schildkröte besteigt mit den Vorderbeinen rundliche Gegenstände. Vermutlich haben Sie ein Männchen, das seinen Paarungstrieb wegen einer fehlenden Partnerin »ersatzweise« an Gegenständen – oder auch an anderen Männchen – abreagiert. Derartig »missbrauchte« Männchen, übrigens auch paarungsunwillige Weibchen, entziehen sich der Belästigung durch eilige Flucht.

Aufforderung zur Paarung: Eine Landschildkröte rammt die andere mit dem Panzer schräg von vorne und/oder versucht, dem gerammten Tier in die Beine oder in den Hals zu beißen. So fordert das Männchen seine Geschlechtspartnerin auf, stehenzubleiben, sich abzulegen und zur Paarung bereitzuhalten.

Balzverhalten: Eine Sumpfschildkröte schwimmt von vorne an eine andere heran und zittert mit den ausgestreckten Vorderbeinen. Gelegentlich geht diesem Verhalten ein Beschnuppern der Schwanzregion voraus. Auch hier handelt es sich um das Balzverhalten eines Männchens, mit dem es einem Weibchen imponieren will.

Winter- und Sommerruhe: Eine Landschildkröte vergräbt sich in ihrer Höhle oder einer Terrarienecke und stellt die Nahrungsaufnahme ein. Dieses Verhalten ist günstigenfalls ein Signal, dass die Schildkröte in die Winterruhe möchte. Es tritt im Herbst auf, wenn die Tage deutlich kürzer werden. Russische Landschildkröten können dieses Verhalten auch zur Einleitung der Sommerruhe, während des Hochsommers, zeigen. Zu anderen Jahreszeiten kann ein solches Verhalten jedoch auch ein Krankheitsanzeichen sein.

Auf ins Schlaraffenland, auch wenn Hindernisse zu überwinden sind. Die Belohnung ist zu verlockend.

WATCH IT 25

Wie gut kennen Sie Ihre Schildkröte?

Um Schildkröten verstehen und artgerecht halten zu können, sollten Sie sich mit dem Wesen dieser aufmerksamen, anspruchsvollen und empfindsamen Tiere auseinander setzen. Dieser kleine Test verrät Ihnen, wie viel Sie bereits über Ihre gepanzerten Freunde wissen.

		JA	NEIN
1	Brauchen Schildkröten einen Partner?	○	○
2	Kann Ihre Schildkröte älter als 100 Jahre werden?	○	○
3	Kann Ihre Schildkröte gut hören?	○	○
4	Legt ein Weibchen auch Eier, wenn kein Männchen zugegen war?	○	○
5	Hilft die Schildkröte ihren Jungen beim Schlupf?	○	○
6	Müssen alle Schildkröten eine Winterruhe halten?	○	○
7	Brauchen Schildkröten zur Eiablage immer Erde oder Sand?	○	○
8	Sind Schildkröten gesellige Tiere?	○	○
9	Brauchen Schildkröten regelmäßig Sonnenlicht für die Gesundheit?	○	○
10	Sind Vitamine und Spurenelemente wichtig für die Schildkrötenernährung?	○	○
11	Ist der Schildkrötenpanzer unempfindlich gegen Kratzen und Bürsten?	○	○
12	Sind alle Wasserschildkröten gute Schwimmer?	○	○

Auflösung: 1 = Nein; 2 = Ja; 3 = Nein; 4 = Ja; 5 = Nein; 6 = Nein; 7 = Ja; 8 = Nein; 9 = Ja; 10 = Ja; 11 = Nein; 12 = Nein.

Vertrauen

Der Geruch von Claudias Händen ist Goliath inzwischen völlig vertraut. Und wenn sie ihm dann auch noch seinen Lieblingsleckerbissen, saftige Löwenzahnblüten, auf der Hand anbietet, kennt Goliath überhaupt keine Scheu mehr. Doch Schildkröten sind in der Regel nicht so leicht zu »bestechen«. Lassen Sie Ihrem Tier Zeit, sich an Sie zu gewöhnen.

schaffen
von Anfang an

TIPP vom THERAPEUTEN

Nach dem Kauf sollten Sie Ihre Schildkröte auf dem schnellsten Weg nach Hause bringen. Im Quarantäne-Terrarium darf sie baden, saftiges Futter naschen, sich verstecken und Ruhe genießen. So verbindet sie ihre neue Heimat gleich mit angenehmen Erlebnissen.

Was eine Schildkröte empfindet

Bereits die ersten Begegnungen mit Ihrer Schildkröte geben den Weg vor, den Ihr Pflegling bei Ihnen gehen wird. Wird es ein Leidensweg oder ein schildkrötengerechter, angenehmer Lebensweg?

Es ist für Menschen zunächst schwer, die Erlebniswelt einer Schildkröte nachzuvollziehen. Stellen Sie sich vor, Sie reisen nicht gerne, weil es Ihnen lästig ist, sich immer wieder in einer neuen Umgebung zurechtzufinden. Das Essen ist anders als gewohnt. Womöglich serviert man Ihnen Früchte und Speisen, die Sie zu Hause nie essen würden. Das Klima ist ganz anders, als es Ihnen gut tut, und Sie können sich in der Sprache Ihres Gastlandes nicht verständigen.

Sie wären nicht die oder der Erste, der unter solchen Bedingungen Stress-Symptome zeigt und im Urlaub krank wird. Doch was hat dieser Vergleich mit Ihrer Schildkröte zu tun?

Ihre Schildkröte fühlt sich zunächst genau so, wie besagter Mensch, der lieber seinen Urlaub zu Hause, in vertrauter Umgebung, verbringt. Sie kam auf einem weiten Weg zum Händler und hat sich dort an neue Lebensbedingungen gewöhnen müssen. Dann der erneute Wechsel zu Ihnen. Wieder ist alles anders, wenn auch von Ihnen liebevoll vorbereitet. Es riecht fremd, womit der Schildkröte der alte, vertraute Stallgeruch – und damit die Orientierung – zunächst entzogen ist. Das Klima ist verändert. Sie soll plötzlich Dinge essen, die sie nicht kennt. Das kann Gefahr (Vergiftungsgefahr) bedeuten! Aus diesem Grunde sind Schildkröten ebenso traditionelle Kostgänger wie besagter Bauer, der nicht isst, was er nicht kennt.

Lassen Sie Ihrem neuen Liebling also Zeit, sich an all das zu gewöhnen. Fassen Sie ihn in dieser Zeit nicht noch zusätzlich an, was er ebenfalls als bedrohlich empfindet.

Dann wird er leichter den Wechsel überwinden und auch zugänglicher für Ihre ersten Annäherungsversuche sein.

Tipps für das Eingewöhnen

Kehren wir noch einmal kurz zurück zu dem Beispiel, bei dem Sie nicht gerne reisen und trotzdem dazu gezwungen sind. Etwa aus beruflichen Gründen. Sie werden ziemlich leiden. Doch haben Sie eine gewisse Übersicht über die Geschehnisse und werden sich deshalb vermutlich rasch anpassen.

Ihrer Schildkröte fehlt diese Übersicht beim Umzug in ihr neues Zuhause. Sie weiß nicht, dass Sie ja nur ihr Bestes wollen und hat erst einmal nur Stress der unangenehmen, krank machenden Sorte. Erst durch neue – und hoffentlich nur angenehme – Erfahrung lernt sie, dass ihr jetziges Heim keinen Anlass zu Ängsten bietet. Danach ist sie »eingewöhnt«. Ihre Aufgabe bei der Eingewöhnung besteht also nun vorrangig darin, alles zu unternehmen, was der Schildkröte gut tut: Dazu gehören ein reinigendes Bad, das Angebot frischen Wassers und Futters und ein ruhiges, ge-

räumiges Quarantäneterrarium mit Versteckmöglichkeit. Jede andere Störung wie das Hochheben, laute Musik, Zigarettenrauch, Zugluft oder gar den stressigen »Auslauf« auf dem Zimmerfußboden müssen Sie zum Wohle der Schildkröte vermeiden.

Die Kontrolle auf Wurmbefall über Entnahme einer Kotprobe stört die Schildkröte überhaupt nicht, ebenso wie die eventuell erforderliche Verabreichung des Wurmmittels mit dem Futter. Danach wird sie ohne lästige

Wunschzettel der Schildkröte

Das mag sie:

1. Dass man sie in Ruhe lässt, vor allem, wenn sie sich selbst zurückgezogen hat.

2. Ausgiebige (freiwillige) Sonnenbäder.

3. Sauberes Wasser und frische Rohkost.

4. Ein abwechslungsreich gestaltetes Terrarium.

5. Ein trockenes Plätzchen, wo sie sich den Bauch wärmen kann.

6. Ein feuchtes Eckchen zum Buddeln und zur Hautpflege.

7. Mahlzeiten, die in ihren Aktivitätszeiten liegen.

8. Eine »Sommerfrische« im Garten, auf Terrasse oder Balkon.

Das mag sie nicht:

1. Auf dem Zimmerfußboden umherrennen.

2. Das Terrarium in der prallen Sonne oder am offenen Fenster.

3. Welkes, vergorenes Futter und infiziertes altes Wasser.

4. Zu viel süße Früchte, die, obwohl gesund, in der Menge krank machen.

5. Laute Musik und Zigarettenqualm.

6. »Chemische« Gerüche von Lacken, Lösungsmitteln, Heizöl und heißem Fett.

7. Ständig ergriffen und umhergetragen zu werden.

8. Gesellschaft einer zudringlichen, zweiten Schildkröte.

Parasiten und schon etwas an Sie und ihr Futter gewöhnt, noch einmal umziehen müssen, nämlich in das vorbereitete Terrarium, das ihre neue Heimat darstellt. Nun sollten Sie Ihren Pflegling für einige Tage unbehelligt lassen, bevor Sie beginnen, einen aktiven Part in der »Kennenlernzeremonie« zu übernehmen.

Kinder und Schildkröten

Im schulpflichtigen Alter beginnen Kinder oft, den Wunsch nach einem Heimtier zu äußern. Sie möchten einen Zimmergenossen haben, der ihnen beim Hausaufgabenmachen Gesellschaft leistet und dem man sich widmen kann, wenn der Zugang zur Mathematik sich als sperriger erweist als der Zugang zum Tier. Leider ist eine Schildkröte für die Jüngsten in diesem Fall ein spröder Partner. Kinder wollen in diesem Alter »Schmusekontakt« zu ihrem Tier herstellen. Und das genau ist es, was die Schildkröte – wenn überhaupt – nur in sehr geringer Dosierung braucht. Sind Kinder aber erst einmal älter als etwa 10 Jahre und für elterliche Hinweise zum Umgang mit dem Tier noch empfänglich, dann können sie ein liebevolles Verhältnis zur Schildkröte aufbauen, indem sie das Tier genau beobachten und Respekt vor seinen Bedürfnissen entwickeln. Der Gewinn an Lebenserfahrung und Offenheit für die Bedürfnisse des Anderen ist nicht zu unterschätzen und kann einen jungen Menschen in seinen sozialen Fähigkeiten stärken.

Da lohnt es sich, den Hals lang zu machen. Sanftes Kraulen genießt eine handzahme Schildkröte offensichtlich außerordentlich.

Nochmal davon gekommen

Vanessa besuchte mit Goliath ihre Freundin Katharina. Die beiden Mädchen hatten es sich an diesem heißen Tag auf der Terrasse bequem gemacht, und Goliath durfte auf der Wiese herumwandern. Irgendwann bekam Goliath Durst. Kein Problem, denn hier gab's ja einen Gartenteich. Doch Goliath musste seinen Hals ganz lang machen, um das Wasser zu erreichen. Und dabei passierte es. Goliath rutschte über einen glatten Stein und plumpste kopfüber ins Wasser. Langsam sank er auf den Grund des Teiches, denn Landschildkröten können nicht schwimmen. Goliath versuchte, so lange wie möglich die Luft anzuhalten. Dann begann er mit den Füßen zu paddeln. Tatsächlich erreichte er die Wasseroberfläche, fand jedoch am steilen Ufer keinen Halt und fiel ins Wasser zurück. Bei dem Versuch Luft zu holen, gelangte Wasser in seine Lunge und Goliath verlor das Bewusstsein.

Der Nachmittag war wirklich zu schnell vergangen, Vanessa musste nach Hause. Doch wo war Goliath? Eben lag er doch noch auf dem Maulwurfshügel, um sich zu sonnen. Da fiel ihr Blick auf den Gartenteich, und sie ahnte Schreckliches. Goliath lag regungslos auf dem Grund des Teiches. Vanessa zögerte nicht lange. Sie packte Goliath, zog ihn aus dem Wasser, hielt ihn mit dem Kopf nach unten und schüttelte ihn leicht. So lief das Wasser wieder aus der Lunge heraus. Goliath tat einen tiefen Schnaufer und begann wieder regelmäßig zu atmen. Vanessa hatte Goliath vor dem Ertrinken gerettet.

Vertrauen aufbauen Schritt für Schritt

Vertrauen können Sie erst aufbauen, wenn Ihre Schildkröte dafür empfänglich geworden ist. Sie erkennen das daran, dass sie nicht mehr ver-sucht, sich vor Ihnen zu verstecken, sondern beginnt, sich »neutral« zu verhalten bzw. auf Ihre Angebote zu reagieren. Jetzt ist der geeignete Zeitpunkt gekommen, um das Ihnen entgegen-gebrachte Vertrauen gezielt auszubauen.

Machen Sie sich keine Vorwürfe, falls Ihre Schildkröte eher zu den seltenen Ausnahmen gehört, die ihr Leben lang scheu bleiben, und Sie einfach ignoriert. Dann können Sie Ihre Ver-suche, das Tier zutraulich zu machen, getrost aufgeben. Bei artgerechter Haltung wird Ihr Tier aber auch ohne Ihr Zutun glücklich und zufrieden sein.

Die nachfolgenden Angaben, wie man Schritt für Schritt Vertrauen zum Tier auf-bauen kann, beziehen sich auf einen längeren Zeitraum von vier bis sechs Wochen. Dabei bestimmt immer nur die Reaktion der Schildkröte den Fortschritt. Sind Sie zu schnell, dann fühlt sie sich durch Ihre Annäherung bedroht und reagiert mit Angst. Das wiederum verzögert den von Ihnen gewünschten Prozess entsprechend.

»Mit Speck fängt man Mäuse«, mit Löwen-zahnblüten erwirbt man Schildkröten-Sympathien.

1 Neugierig machen

Nachdem die Schildkröte in ihrem Terrarium heimisch geworden ist, ist es Zeit für ein näheres Kennenlernen. Halten Sie Ihre Hand in das Terrarium, ganz ruhig und so lange, wie es Ihnen gefällt und die Schildkröte nicht unruhig wird. Damit geben Sie ihr Gelegenheit, sich mit dem spezifischen Geruch Ihrer Haut vertraut zu machen. Wenn die Schildkröte Ihre Hand aus-giebig beschnuppert, ist der erste Schritt gemacht.

2 Beim Naschen entspannen

Jetzt halten Sie außerhalb der regulären Essenszeit einen besonderen Leckerbissen in das Terrarium. Für Landschildkröten wäre das z. B. eine Löwenzahnblüte, für Wasserschildkröten ein Stückchen Fischfilet oder handelsübliches Trockenfutter. Da die Schildkröte mit Ihrem Geruch bereits vertraut ist, lernt sie jetzt, dass sich damit immer das angenehme Ereignis eines besonderen Leckerbissens verbindet.

3 Pause einlegen

Jetzt ist es an der Zeit, mal eine »Lernpause« einzulegen und zu schauen, ob die Schildkröte auch mit Näherkommen auf Sie reagiert, wenn Sie sich lediglich vor das Terrarium setzen und ihr gut zureden. Vielleicht haben Sie Glück und Ihre Schildkröte kann Sie hören. Achten Sie dabei bitte darauf, dass Sie immer in tiefer Stimmlage mit ihr reden, weil höhere Töne von Schildkröten nicht gut oder überhaupt nicht wahrgenommen werden.

Ausflug in die Sommerfrische

Schildkröten lieben eine gesunde Mischung aus frischer Luft und Sonne. Das haben sie in keinem noch so schön eingerichteten Terrarium, sondern nur auf Balkon, Terrasse oder im Garten. Es kommt ihrer Art sehr entgegen, wenn sie in interessant riechender Erde buddeln und an Kräutern ihrer Wahl knabbern können. Ihrer Vitalität bekommt der Temperaturwechsel, bei dem die kühle Nacht den Schlaf vertieft und die Morgensonne den Körper angenehm und rasch erwärmt.

Wenn unsere Breiten auch nicht dazu angetan sind, der Schildkröte ganzjährig dieses Vergnügen zu bieten, so sollte sie es in den Monaten Juni, Juli und August doch genießen können. Eine solche »Vitalkur« stärkt die Abwehrkräfte und den Bewegungsapparat für den Rest des Jahres. Sie stimmt das Tier besser auf den Jahres- und Fortpflanzungsrhythmus ein und erleichtert weiblichen Schildkröten die Eiablage, zu der sie übrigens keine vorausgegangene Paarung mit einem Männchen brauchen.

Für leckere, vitaminreiche Hagebutten ist kein Hindernis zu hoch.

Ein Schildkrötenpaar

Schildkröten sind Einzelgänger. Nur zur Paarungszeit – meist im Frühling – suchen sie kurzzeitig aktiv die Nähe der Partnerin oder des Partners. Während dieser Zeit kann man versuchen, der Schildkröte einen Geschlechtspartner zuzuführen. Möglich ist, dass das Männchen das Weibchen arg bedrängt. Deshalb braucht man sicherheitshalber zwei Terrarien, um die Schildkröten rechtzeitig trennen und angemessen pflegen zu können. Noch besser sind weitläufige Freilandterrarien, bei denen die Tiere einfach durch ein Brett voneinander getrennt werden. Es kann aber auch sein, dass das Schildkrötenpaar bis zur nächsten Paarungszeit gut miteinander auskommt oder bis dahin wenig Notiz voneinander nimmt.

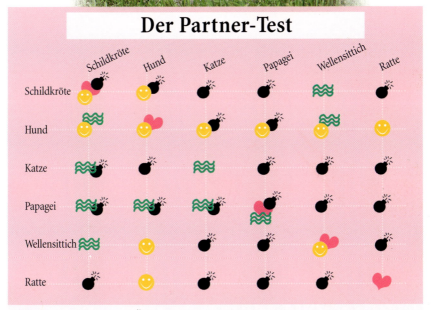

Der Partner-Test

	Schildkröte	Hund	Katze	Papagei	Wellensittich	Ratte
Schildkröte	🙂	💣	💣	💣	〰️	💣
Hund	〰️	❤️	💣	💣	〰️	🙂
Katze	〰️	💣	〰️	💣	💣	💣
Papagei	〰️	〰️	〰️	💣	💣	💣
Wellensittich	〰️	🙂	💣	💣	❤️	💣
Ratte	💣	🙂	💣	💣	💣	❤️

❤️ Vertragen sich bestens   💣 Mord und Totschlag   〰️ Sind sich schnuppe   🙂 Aneinander gewöhnen

4 Zum Essen läuten
Eine hilfreiche Methode des Lockens kann der Einsatz eines tieftönenden Gongs oder einer Glocke sein. Vor allem, wenn Ihre Schildkröte sich im Sommer in einem großen Gartengehege aufhalten darf, wo Sie sie im Bedarfsfalle lange suchen müssten. Leiten Sie jede Mahlzeit mit dem entsprechenden Ton ein. Kommt sie herbei, belohnen Sie sie mit Futter und Kraulen.

5 Freundschaft besiegelt
Hat die Schildkröte Vertrauen zu Ihnen gefasst, wird sie auch eines Tages Ihre Hand besteigen, um sich den Leckerbissen abzuholen, der auf Ihrem Handgelenk liegt. Vielleicht möchte sie sogar in der Mulde Ihrer Hand etwas ausruhen. Setzen Sie sich dabei möglichst auf den Boden, denn bei einem Sturz aus großer Höhe kann sich das Tier schwer verletzen.

6 Freunde fürs Leben
Haben Sie den Eindruck, die Schildkröte bleibt auf Ihrer Hand völlig entspannt, dann versuchen Sie einmal, ihr zart das Kinn zu kraulen. Sie können erleben, wie die Schildkröte bald ihren Hals immer länger macht und sich schließlich genüsslich von Ihnen streicheln lässt. Sie haben gewonnen! Ihre Schildkröte vertraut Ihnen nun vollkommen.

Traumhaft ①
Nicht zu überbieten: Sommerfrische und Sonne »an der See«.

Stöbern ②
Rindenmulch riecht gut und gibt beim Stöbern manchen Leckerbissen preis.

Gestolpert ③
»Hoppla«, einer gesunden Schildkröte macht eine solche Rückenlage nichts aus. Gleich ist sie wieder auf den Beinen.

Neugierig ⑤
Nicht nur Schildkröten sind neugierig, auch die kleine Katze will wissen, mit wem sie es zu tun hat.

Auf der Suche ④
Leckerbissen finden sich nicht überall. Doch hier hat sich die Suche gelohnt.

Paradiesisch ⑥
Ganztags sonnenbaden, schwimmen und bei Gefahr abtauchen. Für Sumpfschildkröten ein herrliches Leben.

Gefahrenquellen

➔ Gartenteiche für Landschildkröten sichern (Gefahr des Ertrinkens).

➔ Kellerschächte und Kellertreppen sichern (Gefahr des Abstürzens).

➔ Freigehege mit Netz oder Maschendraht sichern. Junge Schildkröten können von Elstern und Krähen davongetragen werden, größeren Schildkröten hacken diese Vögel die Augen aus. Die Sicherung hilft auch, Katzen fern zu halten.

➔ Freigehege und Garten gut eingrenzen, sonst verirren sich die Schildkröten bzw. sie entlaufen.

➔ Balkon und Terrasse absturzsicher einfassen.

Goliath und Mimi

Eigentlich führt Goliath ein glückliches und zufriedenes Leben bei uns. In den warmen Sommermonaten macht er "Urlaub" in seinem Gartengehege, Herbst und Frühjahr verbringt er im behaglich eingerichteten Terrarium und den Winter verschläft er in seiner kuscheligen Überwinterungskiste. Nur im Juni, nach den ersten warmen Sommertagen, wird er unruhig. Dann wandelt Goliath auf "Freiersfüßen". Jetzt reizt ihn alles, was auch nur entfernt einer anderen Schildkröte ähnelt. Sogar in meine Wanderschuhe hatte er sich einmal "verguckt" und kletterte so lange auf ihnen herum, bis er merkte, dass sie unbeeindruckt von ihm blieben. Doch Goliath sollte geholfen werden. Wir luden Mimi, das hübsches Landschildkröten-Weibchen unserer Freunde, zu Goliath ein. Die scheue Mimi zog zunächst einmal schüchtern den Kopf in den Panzer. Dann kam Goliath und beschnüffelte ausgiebig den "runden Stein". Plötzlich zeigte sich Mimi von ihrer aufgeschlossenen Seite und streckte vorsichtig den Kopf hervor, um Goliath ihrerseits zu beschnüffeln. Goliath hatte endlich gefunden, wonach er sehnsüchtig gesucht hatte. Vielleicht war auch Mimi ein Herzenswunsch erfüllt worden. Für ein paar Wochen – eben während der Paarungszeit – verstanden sich die beiden prächtig. Doch dann war es aus mit der Liebesbeziehung. Wir brachten Mimi in ihr altes Zuhause zurück und Goliath zog wieder zufrieden alleine seine Runden durch das Gehege.

Spiel und Spaß

Marcos Schildkröten lieben Flötentöne, besonders die tiefen. Dann kommen sie eiligst herbei, um sich Leckerbissen abzuholen. Das lernen jedoch nicht alle Schildkröten. Die meisten zeigen vorwiegend ihre interessanten Verhaltensweisen, vorausgesetzt, es wird ihnen als Heimtier alles geboten, was sie für ein artgerechtes Leben brauchen.

mit der Schildkröte

Fitness-Parcours gestalten

Bieten Sie Ihrer Schildkröte immer wieder Neues zum Erkunden und Klettern an.

1 Sepia
Sepiaschale für die Kalkversorgung. Sie stärkt die Knochen Ihrer Schildkröte.

2 Klettern
Auf dem »Gipfel« der Kletterwurzel lockt die frische Birkengrün-Jause.

3 Dehnübung
Um an das leckere Petersilienbüschel zu gelangen, muss man sich schon etwas recken und strecken.

4 Sonnenplatz
Diese Insel für Wasserschildkröten besteht aus einer dünnen Plexiglasscheibe, auf die eine Korkplatte geklebt wird. Die Platte mit festem Draht verbinden und so ins Wasser hängen, dass das Tier die Insel vom Wasser aus besteigen kann.

5 Versteck und Wärmeplatz
Ein schöner Ziegelbau, der die Sommersonne speichert und auch am Abend noch den Bauch wärmt. Platten mit Kunstharzkleber gegen Verrutschen sichern!

Abenteuer-spielplatz für Schildkröten

Oft bekommen Schildkröten als Heimtiere nicht die Möglichkeit, ihre vielfältigen Verhaltensweisen zu zeigen.

Ein langweilig eingerichtetes Terrarium oder ein lieblos gestaltetes Aquaterrarium, keine Möglichkeit, im Freigehege die Sinne zu schärfen und sich Bewegung zu verschaffen, verurteilen eine Schildkröte zur Langeweile. Es gibt nichts zu erschnuppern, entdecken, erklettern oder Neues zu schmecken. Die folgenden Beschäftigungsideen für Ihre Schildkröte lassen sich nicht nur draußen, sondern zum Teil auch im Terrarium bzw. Aquaterrarium verwirklichen.

Drunter und drüber geht es in einem gut ausgestatteten Schildkrötengehege. Oben sonnenbaden, unten regensicher liegen.

HAVE FUN 49

Der Wohlfühl-Test für Ihren Liebling

Wie oft liegt Ihre Schildkröte unter dem Spotstrahler?

○ Täglich stundenweise — *3 Punkte*
○ Ganztags — *0 Punkte*
○ Nie — *1 Punkt*

Wandert oder schwimmt Ihr Tier an der Terrarienscheibe entlang?

○ Ganztags — *0 Punkte*
○ Gelegentlich — *1 Punkt*
○ Nie — *3 Punkte*

Gräbt Ihre Schildkröte in der Erde, obwohl noch nicht Zeit für die Winterruhe ist?

○ Tagelang — *0 Punkte*
○ Bei der Futtersuche — *3 Punkte*
○ Nie — *2 Punkte*

Wie sind Haut und Panzer beschaffen?

○ Glatt, elastisch — *3 Punkte*
○ Sauber, aber matt, stumpf — *2 Punkte*
○ Rissig, borkig, blättrig — *0 Punkte*

Liegt Ihre Landschildkröte im Trinkbecken?

○ Ganztags — *0 Punkte*
○ Hin und wieder — *1 Punkt*
○ Nie — *3 Punkte*

Klettert sie aktiv im Terrium umher?

○ Täglich und anhaltend — *3 Punkte*
○ Nur zur Fütterung — *1 Punkt*
○ Nie — *0 Punkte*

Wie reagiert Ihre Schildkröte, wenn Sie sich ihr nähern?

○ Zuckt in den Panzer zurück — *1 Punkt*
○ Bleibt neugierig — *3 Punkte*

Bleibt das Tier in seinem Versteck, obwohl noch keine Winterruhezeit ist?

○ Nur zur Ruhezeit — *3 Punkte*
○ Nie — *0 Punkte*

Wie reagiert Ihre Schildkröte, wenn Sie sie anfassen?

○ Zuckt in den Panzer zurück — *0 Punkte*
○ Wehrt sich heftig — *1 Punkt*
○ Bleibt entspannt — *3 Punkte*

Wie vollzieht sich der »Hautwechsel«?

○ Regelmäßige flache Ablösungen — *3 Punkte*
○ Regelmäßig, aber Haut bleibt hängen — *1 Punkt*
○ Kein Hautwechsel — *0 Punkte*

0 – 10 Punkte: Die Schildkröte fühlt sich nicht sehr wohl. Überprüfen Sie bitte Gesundheit und Haltungsbedingungen. **10 – 18 Punkte:** Der Schildkröte geht es einigermaßen gut; **18 – 25 Punkte:** Ihrem Tier geht es offensichtlich gut; **25 – 30 Punkte:** Ihrer Schildkröte geht es sehr gut.

Die Gartenparty

Dieses Wochenende war Grillen mit Freunden in unserem Garten angesagt. Alle hatten es sich auf der Terrasse gemütlich gemacht. Da fiel Bettinas Blick auf Goliath: "Sagt mal, was findet ihr eigenlich an einer Schildkröte? Die Viecher sind doch stinklangweilig." Von wegen. Jetzt sollte Bettina staunen. Ich holte unsere kleine Kuhglocke aus dem Haus – ein Mitbringsel von unserem letzten Urlaub in Österreich. Erwartungsvoll blickten alle auf mich. "Passt mal auf, was Goliath alles kann." Vanessa setzte Goliath auf die Wiese, und ich läutete die Glocke. Goliath streckte neugierig den Kopf in die Höhe und marschierte schnurstracks Richtung Terrasse. Hier holte er sich aus meiner Hand ein leckeres Petersilienbündel ab. Liebevoll kraulte ich ihn dabei am Kopf, woraufhin er seinen Hals ganz lang machte, um noch mehr Streicheleinheiten einzuheimsen. Unsere Freunde waren verblüfft. "Lass mich Goliath auch mal füttern," bat Bettina. Sie pflückte eine Löwenzahnblüte und hielt sie Goliath dicht vor den Mund. "Happ" und die Blüte war halb verschwunden. Bettina schrie auf. Goliath hatte nämlich auch gleichzeitig heftig in ihren Finger gebissen. Es nützte nichts, Bettina zu versichern, dass Schildkröten Nahes schlecht sehen und Goliath ihr mit Sicherheit ganz unbeabsichtigt in den Finger gebissen hatte. Für Bettina war Goliath fortan ein "wildes" Tier – doch keinesfalls langweilig.

6 Mehlwurmspender
Wasserschildkröten lauern im Wasser aufmerksam, wann es denn den nächsten Mehlwurm ins Wasser »regnet« (→ Bastelanleitung, Seite 51).

7 Tunnel
Dieser Tunnel ist hinten offen und bietet Schutz, vielleicht sogar einen Leckerbissen am anderen Ende und wärmt am Abend den Bauch mit seiner Restwärme.

8 Badespaß
Auch Landschildkröten baden gern. Diese Vogeltränke eignet sich hervorragend als Badewanne.

Wie ist die Stimmung Ihrer Schildkröte?

Die nachfolgende Tabelle hilft Ihnen, richtig einzuschätzen, in welcher Stimmung sich Ihre Schildkröte gerade befindet. Unterscheiden Sie dabei das Normalverhalten von nur kurzzeitigen Veränderungen wie der aktiveren Balzstimmung, einer Erkrankung oder einem tages- oder jahreszeitlich bedingten Ruhebedürfnis.

	JA	NEIN
1 Wandert Ihre Schildkröte ruhig im Terrarium umher, schnuppert am Futter und frisst?	○	○
2 Vergräbt sich Ihre Schildkröte während der Nacht gerne im weichen Untergrund?	○	○
3 Liegt Ihr Tier immer nur stundenweise unter dem Spotstrahler oder in der prallen Sonne?	○	○
4 Ist Ihre Schildkröte im Frühling aktiver als sonst?	○	○
5 Ist Ihre junge Schildkröte häufig auf Wanderschaft und klettert unbeschwert über Hindernisse?	○	○
6 Kann sich Ihre Schildkröte in wenigen Minuten aus der Rückenlage wieder auf die Beine stellen?	○	○
7 Kommt Ihre Schildkröte freiwillig aus der Winterruhe und hat dabei nicht mehr als 10 % Körpergewicht eingebüßt?	○	○
8 Wenn Sie ein Schildkrötenpaar besitzen: Verhalten sich die Tiere – außer in der Balzzeit – friedlich und neutral zueinander?	○	○

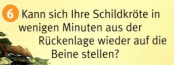

Auflösung: Ihre Schildkröte ist bester Stimmung, je mehr Fragen Sie mit »Ja« beantworten konnten. Haben Sie die Fragen 3, 4 und 7 mit »Nein« beantwortet, sollten Sie mit Ihrer Schildkröte einen Tierarzt aufsuchen. Haben Sie die Frage 8 mit »Nein« beantwortet, müssen Sie die Tiere trennen.

Schildkröten richtig beschäftigen

Ein Schildkrötenleben in der Natur ist nicht ganz einfach. Da müssen sich die frei lebenden Verwandten Ihrer Schildkröte auf der Suche nach Essbarem, Wasser und Schutz ganz schön herumplagen und lange, gefahrvolle Wege auf sich nehmen. Sie müssen klettern, graben, rennen, sich wieder aufrichten, wenn sie stürzen und bei allem immer die Umgebung wegen möglicher Feinde im Auge behalten.

Ihre Schildkröte muss das nicht. Doch wenn Sie ihr das ersparen, kann es sein, dass sie mit der Zeit fett, teilnahmslos und letztlich unbeweglich und krank wird. Ersparen Sie es ihr also bitte nicht. Weil wir Menschen nicht mehr hinter dem Hirsch herhetzen müssen wie in der Steinzeit, haben wir uns den Trimmpfad geschaffen, um gesund zu bleiben. Schaffen Sie also auch der Schildkröte ihren Trimm- und Erlebnispfad, damit sie nicht »einrostet«.

Mit einer bunten Mischung von Kräutern wie Vogelmiere, Giersch, Gänseblümchen, Schafgarbe und Löwenzahn auf der Wiese beglücken Sie Nase und Gaumen der Schildkröte in abwechslungsreichster Form. Wächst das alles nicht ohnehin im Freilandterrarium, dann pflücken Sie es täglich frisch und und stecken es stengelweise entlang des Terrarienparcours. Lassen Sie das Tier dabei »über Stock und Stein« klettern und sich gelegentlich kräftig recken. Eine gesunde, vitale Schildkröte wird das Ergebnis sein!

Liebevolle gepflegt begleitet die Schildkröte ihre Besitzerin durch deren ganzes Leben.

Wasserschildkröten fördern

Fitness, Reaktion, Konzentration, Sehen, Riechen und Schmecken können Sie bei Wasserschildkröten mit lebenden Leckerbissen trainieren. Junge Schildkröten »jagen« begeistert Wasserflöhe und Mückenlarven. Bachflohkrebse und Tubifexe verstecken sich sogar im Wasser und müssen erst von der Schildkröte »aufgespürt« werden. Ein Vergnügen für Mensch und Schildkröte ist der Mehlwurmspender, der auf Seite 45 abgebildet ist. Er besteht aus einer etwa 20 cm langen Plexiglasröhre, in die eine waagrechte Reihe 2 mm großer Löcher gebohrt wird. Geben Sie einige Mehlwürmer in die Röhre und verschliessen Sie die Seiten mit Korken. Die Röhre mit Hilfe von zwei Drähten so über dem Wasser aufhängen, dass die Löcher nach unten zeigen. Die Würmer winden sich solange in der Röhre, bis sie durch ein Loch ins Wasser fallen. Die Schildkröte lauert gespannt auf die Leckerei.

TIPP vom ZOOHÄNDLER

Ihre Zierschildkröte behält ihre schöne, leuchtend bunte Zeichnung, wenn Sie sie regelmäßig mit einem Trockenfutter füttern, das mit speziellen natürlichen Farbstoffen (Karotinen) versetzt ist. Dieses Schildkrötenfutter können Sie im Zoofachhandel kaufen.

Ein Freigehege ist für Sumpfschildkröten immer noch das Höchste. In unseren Breiten können sie von Juni bis August durchaus auch im Gartenteich gehalten werden.

OLD & HAPPY

Glücklich und aktiv
im Alter

Die Landschildkröte Mona lebt schon seit 20 Jahren bei ihrer Menschenfamilie. Doch als alt ist sie noch nicht zu bezeichnen. In Lebensjahren einer Schildkröte gerechnet gehört sie bestenfalls zu den Teenagern, denn sie kann bei guter Pflege 120 Jahre alt werden!

Wie alt werden Schildkröten?

Diese Frage ist für uns Menschen nur selten eindeutig zu beantworten, denn viele Schildkrötenarten werden erheblich älter als wir selbst. Um ein wenig Auskunft darüber zu erhalten, muss man weltweit die seltenen Fälle sammeln, in denen Daten in Schildkrötenpanzer eingeritzt wurden oder Tiere in Familienbesitz Generationen überstanden haben. Der bekannte Schildkrötenforscher Fritz Jürgen Obst aus Dresden hat solche Daten über Schildkröten gesam-melt: Danach werden unsere Europäischen Schildkröten bis zu 120 Jahre alt, während deutlich kleiner bleibende Arten »nur« 40 bis 60 Jahre alt werden. Das gilt wiederum nicht generell, denn die kleine Karolina Dosenschildkröte kann dank einer Gravur im Bauchpanzer auf rund 120 Jahre geschätzt werden. Und Riesenschildkröten wird ein Höchstalter von über 200 Jahren zugebilligt. Da Säugetiere und Vögel in der freien Wildbahn bei den ersten Schwächen im Alter einem Beutegreifer zum Opfer fallen, er-

Was sich im Alter ändert

➜ Verhalten:
Die Schildkröte wird ruhiger und behäbiger. Die Bewegungen werden langsamer. Sie wirkt so, als hätte sie »schwer« an ihrem Panzer zu tragen.

➜ Haut und Panzer:
Haut und Panzer werden dicker und fester. Die ehemals leuchtenden, jugendlichen Farben verblassen und werden stumpf.

➜ Körperhygiene:
Sie ist auch für eine alte Schildkröte kein besonderes Thema, solange sie Haut und Panzer im Freilandterrarium an Steinen, Wurzeln und Strauchwerk scheuern kann.

➜ Ernährung:
Vitamine und Mineralien werden nicht mehr so leicht »verstoffwechselt« wie von einem jugendlichen Organismus, sondern ungenutzt ausgeschieden. Deshalb ist ein regelmäßiges Angebot wichtig.

➜ Sehen und Riechen:
Vermutlich lässt die Sehschärfe im Alter nach oder die Hornhaut kann sich eintrüben. Möglicherweise lässt auch das Riechvermögen nach.

➜ Krankheiten:
Man muss davon ausgehen, dass auch die Abwehrkräfte einer Schildkröte im Alter nachlassen und bei der Pflege entsprechende Vorsorge walten lassen.

reichen sie ihr »theoretisches Höchstalter« praktisch nie. Das war gut an dem »Studio-Geparden« von Prof. Grzimek zu sehen, der, etwas rheumatisch und altersbedingt dünn geworden, über 20 Jahre alt wurde, bis er eines natürlichen Todes starb. In der Serengeti dagegen gehört man als Gepard mit 12 Jahren schon zum seltenen »alten Eisen«.

Bei Schildkröten ist das anders. Gefährdet sind sie in der Jugend, wenn ihr Panzer noch weich und sie leicht an Gewicht sind. Alt und schwer geworden, kommt es nicht mehr auf Reaktionsgeschwindigkeit und Schnelligkeit an. Nur noch auf einen dicken Panzer. Und der wird im Alter immer fester. Selbst, wenn das Riech- und Sehvermögen nachlässt, muss das für die alte Schildkröte in einer vertrauten Umgebung keinen Nachteil bedeuten.

Die alte Schildkröte

Eigentlich sieht eine Schildkröte nach menschlichen Wertmaßstäben bereits »alt aus«, sobald sie der jugendlichen Zeit des starken Wachstums bis zur Geschlechtsreife

Ein nettes Gute-Nacht-Versteck, das Sie mit etwas trockenem Laub noch gemütlicher machen können.

TIPP vom TIERARZT

Achten Sie im Spätsommer und Frühling auf veränderte Atemgeräusche bei Ihrer Schildkröte. In der kalten Jahreszeit kann sie eine Lungenentzündung durch Zugluft bekommen. Wird diese nicht rechtzeitig behandelt, muss das Tier unnötig leiden und kann sogar sterben.

entwachsen ist. Falten an Hals, Armen und Beinen, nässende Augen, keine Zähne im Mund und eine Schniefnase (über die überschüssiges Salz ausgeschieden wird). Es kann also nicht mehr schlimmer kommen. Doch wovor der Mensch sich fürchtet, das schmückt die Schildkröte bereits in jungen Jahren und damit kann sie sozusagen auch »ungeniert« älter werden.

Und was heißt bei Ihrer Schildkröte schon »alt«? Wenn Sie zum Beispiel nach 70 Jahren Schildkrötenpflege beginnen, über ihr Alter nachzudenken, hat Ihre Schildkröte, die mit Ihnen älter geworden ist, nach menschlichem Maßstab erst die Vierzig erreicht. Wir würden sagen, die Blüte ihrer Jahre. Es gilt also zu bedenken, wenn wir von einer »alten« Schildkröte sprechen, dass wir bei einer Griechischen Landschildkröte ein Alter von 100 Jahren vor Augen haben.

Unter der heimischen Pflege kann es mit den Jahren vorkommen, dass sich der Schnabel und die Krallen nicht so glatt abnutzen, wie in der Natur. Die Hornscheiden am Mundrand könnten dann etwas »blättrig« werden, das heißt, man sieht die Ränder einzelner Lagen. Die Krallen könnten spröde und zu lang werden. Dann müssen die Hornteile speziell gepflegt, mit Melk- oder Huffett (hauchdünn auftragen) elastisch gehalten und gegebenenfalls fachgerecht, am besten vom Tierarzt, eingekürzt werden.

Auch die alte Haut kann hin und wieder eine leichte Massage mit oberflächlich scheuernden Mitteln vertragen, zum Beispiel mit Hautpflegeprodukten, die Seesand und Mandelkleie enthalten. Das hält die Haut frisch und elastisch.

Auch ein stumpfer, spröder Panzer nimmt gerne etwas Hautöl (hauchdünn auftragen) an. Nur darf alles nicht duften, weil das die geruchsempfindliche Schildkröte äußerst irritieren würde.

Mehr braucht es nicht, um auch Ihre Schildkröte im Alter gut aussehen zu lassen. Vorausgesetzt, Sie beachten die Grundbedürfnisse nach gesunder Diät, Bewegung, Hygiene, Klima und gegebenenfalls Winter- oder Sommerruhe.

»Einen alten Baum verpflanzt man nicht«, pflegte meine Großmutter zu sagen und blieb bis zu ihrem Tode zufrieden in ihrem Haus wohnen. Das gilt auch für Ihre Schildkröte. Im Alter kennt sie die eingetretenen Pfade des Terrariums, der Freianlage oder des Gartens. Natürlich müssen Sie im Laufe der Zeit Pflegearbeiten daran verrichten und vieles verändern. Das ist auch durchaus erlaubt. Aber Sie sollten es Ihrer alten Schildkröte ersparen, von der Rasenfläche in ein Steinbeet umzuziehen, wenn sie ihr ganzes Leben vorher nicht richtig hat klettern können.

Allerdings spricht im Grunde auch da nichts dagegen, denn eine 80-jährige Schildkröte kann durchaus noch klettern lernen. Warum nicht? Nur sollten Sie derartige Extreme nicht willkürlich und jedes Jahr wieder neu wechseln. Das ist die eigentliche Botschaft an Sie im Umgang mit der alten Schildkröte.

Abschied vom Tier

Kinder und ältere Menschen haben in der Regel ein sehr enges Verhältnis zu ihrem Tier, vor allem, wenn sie mit der täglichen Pflege befasst sind. Auch die Schildkröte ist Mittelpunkt, Freund und »Gesprächspartner«. Gedanken und Fürsorge kreisen täglich um ihr Wohlergehen.

Das ist für Liebhaber einer Schildkröte nicht anders als für Hundefreunde.
Ich kenne erwachsene Menschen, die viele Wochen und Monate über den Verlust ihres Tieres sichtlich trauerten. Unsere Kinder hielten in einem bestimmten Alter für jedes gestorbene Heimtier auch ihre Bestattungsrituale ein und schmückten das Grab im Garten mit Blumen.
Das gilt es sehr ernst zu nehmen und muss um so mehr betont werden, als unsere Gesellschaft den Tod aus ihrem Leben am liebsten verbannen würde. Ein lächerliches Unterfangen, dem man am besten durch einen natürlichen Umgang mit dem Tod begegnet und vor allem auch Kinder ihre Trauer ausleben lässt. Es ist gar nicht

Damit es einem richtig warm wird, muss man alle viere von sich strecken und so viel Haut wie möglich zeigen.

schwierig. Verständnisvoller Trost ist völlig ausreichend. Allerdings sollten Sie Ihrem Kind nicht sogleich ein »Ersatztier« versprechen. Damit würdigen Sie nicht nur die Gefühle Ihres Kindes für seinen toten Freund, die Schildkröte, herab, sondern degradieren das Tier auch zu einer Wegwerfware.

Der Schildkröte selbst wird der nahe Tod nicht bewusst, zumindest nicht vergleichbar mit dem menschlichen Bewusstsein. Eher mag man an ein »Gespür« des Tieres für sein nahes Ende glauben. Es hat wohl noch niemand eine Schildkröte aus Altersgründen sterben sehen. Sehr kranke, dem Tod geweihte Schildkröten legen sich matt und müde für den Rest ihrer Tage unter den Wärmestrahler oder verkriechen sich in ihren Unterschlupf, wo sie dann ebenso ruhig auch sterben. Einen »Todeskampf«, wie er beim Menschen vorkommen kann, konnte ich noch nie beobachten.

Wenn der Partner stirbt

Bei Schildkröten ist das Wort »Partnerschaft« etwas hoch gegriffen, wenn Sie an das Einzelgängertum der Schildkröte denken.

Leben also zwei oder mehrere Schildkröten gemeinsam in einem Gehege, wird die eine nicht viel vermissen, wenn die andere »gegangen« ist.

Frisch geschnittene Hecke und Laub en gros verschaffen Ihrer Schildkröte ein Abenteuer pur.

Schreck in der Morgenstunde

Noch ein wenig verschlafen schaute ich an diesem Morgen durch das Fenster in den Garten. Dann traf mich fast der Schlag. Dort stand ein großer fremder Hund in Goliaths Gehege und spielte Fussball mit unserer Schildkröte. Immer wieder trat der Hund mit seiner Pfote gegen Goliaths Panzer und rollte ihn hin und her. Zwischendurch beschnüffelte er das seltsame "Ding". Doch wie sollte ich Goliath retten? Ehrlich gesagt, hatte ich selbst Angst vor dem Hund. Fieberhaft überlegte ich, was ich tun könnte. Da kam mir eine Idee. Im Kühlschrank lag noch ein gebratenes Kotelett. Ich öffnete die Terrassentür und schrie dem Hund zu: "Hier, fang!" Dabei warf ich das Kotelett weit weg von Goliaths Gehege. Vielleicht fiel der Hund auf mein Ablenkungsmanöver herein. Tatsächlich, die Sache gelang! Der Hund raste zum Kotelett und ich zu Goliath. Mit meiner Schildkröte auf dem Arm hastete ich ins Wohnzimmer und schloss eiligst die Tür hinter mir. Goliath, der sich vorsorglich vor dem "Feind" eingeigelt und Kopf und Beine in den Panzer eingezogen hatte, zeigte nun wieder vorsichtig "Haut". Kurz darauf klärte sich die Sache auf. Unser neuer Nachbar stand vor der Tür und entschuldigte sich für das Verhalten seines Hundes Benni, den er dabei beobachtet hatte, wie er über den Zaun in unseren Garten sprang. Doch glücklicherweise war die Sache ja noch einmal gut ausgegangen.

Register

Die **halbfett** gesetzten Seitenzahlen verweisen auf Farbfotos.

A
Abenteuerspielplatz	**42-46**
Abschied vom Tier	57
Abwehrkräfte	54
Alter	16, 52-58
Aquaterrarium	7
Aufmerksamkeit	23
Augen	21
Ausstattung	**6/7**, 7

B
Badebecken	7
Balkon sichern	38
Ballaststoffe	9
Balzverhalten	24
Balzzeit	17
Beschäftigung	40-51, **40-51**
Beschnuppern	**12/13**
Bodengrund	7
Brutdauer	19
Brutpflege	19

D
Dottersack	19

E
Eiablage	11, 18
Eiablage-Kiste	19
Eier, Entwicklung der	19
Eingewöhnen	28
Eischwiele	19
Einzelgänger	14
Ernährung	9
Erschrecken	23

F
Farben erkennen	21
Fitness-Parcours	**42-46**
Fleisch	9
Fortpflanzungszeit	14
Freigehege	36-38, **51**
– sichern	38
Freilandhaltung	11
Futter	9
–, Pflanzliches	9
-kalk	21
-zusätze	9
Füttern	**8/9, 14,** 21, **21,** **26/27**

G
Gartenteich	38
Gefahrenquellen	38
Gelegegröße	16
Geschlechtsreife	18
Gesundheitskontrolle	11
Gewichtskontrolle	**11,** 11
Glasabdeckung	7
Graben	22

H
Haut	54, 56
Heimat	14
Heimtiere, andere	35
Heimtransport	28
Hören	22

J
Jacobsonsches Organ	21
Jungtiere	16
–, Aufzucht der-	19
– füttern	9

K
Kieferscheiden	16
Kinder und Schildkröten	30
Kletterhilfen	7
Klettern	**24**
Körperpflege	54
Körpersprache	22
Kotproben	11, 29
Krallen, zu lange	11
Krankheiten	54, 56
Kraulen	**30**
Kräuter	9

L
Lebensraum	16
Lebensumstände, unpassende	22
Legenot	18
Lungenentzündung	56

M
Mehlwurmspender	**46,** 51
Mineralsalzgemisch	9

N
Nahrung	9
Nahrungssuche	23

REGISTER

Nase	21	-größe	7	
Nistplatz	19	-pflege	11	
		-standort	7	
Obst	9	Terrarium	7	
Ohrmuschel	22	–,Quarantäne-	29	
Orientierung	16	Terrasse sichern	38	
		Tod	57	
Paarung	**18/19**, 24, 35	Trommelfell	22	
Panzer	16, 54, 56			
-kontrolle	11	Urlaubsvertretung	11	
Parasiten	29	UV-Besonnung	7	
Pflege	11			
		Verhaltensweisen	16, 22, 54	
Riechen	21, 54	Verletzungen	23	
Rivalitätsverhalten	16	Versteck	7, **55**	
Rotbauchschmuck-		Vertrauen aufbauen	26-34,	
schildkröten	**4/5**		**32-34**	
Rückenlage	**37**	Vitamine	9	
Ruheinsel	**7**, 7			
		Wasser		
Scharren	22	-becken	7	
Schildkröten, mehrere	18	-qualität	11	
Schlüpfen	16, **22/23**	-temperatur	7	
Schlupfvorgang	19	Wiegen	**11**, 11	
Schmecken	21	Winterruhe	11, 14, 18, 24	
Schnabel, zu langer	11			
Sehen	21, 54	Zierschildkröte	51	
Sepiaschale	**43**	Zusammengewöhnen	35	
Sexualverhalten	16, 24			
Sinnesleistungen	21			
Sommerruhe	24			
Sonnenbaden	16, **17**, 23			
Terrarien				
-bepflanzung	7			

Dr. Hartmut Wilke
Er hat als Leiter des Exotariums im Zoo Frankfurt und Leiter des Zoos in Darmstadt über viele Jahre praktische Erfahrung mit Schildkröten gesammelt.

Christine Steimer
ist Tierfotografin mit Leib und Seele. Sie arbeitet für internationale Buchverlage, Fachzeitschriften und Werbeagenturen. Alle Aufnahmen dieses Ratgebers stammen von ihr, mit Ausnahme von: Juniors/Anders: Seite 4/5, 22/23 u., 57; Juniors/Layer: Seite 17.

Gabriele Linke-Grün
arbeitet seit vielen Jahren als freie Journalistin für die GU-Heimtier-Redaktion, verschiedene Tierzeitschriften und Schulbuchverlage. Sie schrieb die Schildkröten-Erlebnisse.

Alt und Jung genießen die saftigen Löwenzahnblüten gleichermaßen.

Adressen

- DGHT – Deutsche Gesellschaft für Herpetologie und Terrarienkunde e. V.,
Geschäftsstelle:
Andreas Mendt,
Locher Straße 18,
D-53359 Rheinbach

Durch eine Mitgliedschaft in der DGHT kommen Sie in Kontakt mit anderen Schildkrötenfreunden, die im gesamten deutschsprachigen Raum, auch in der Schweiz und in Österreich in »Ortsgruppen« organisiert sind.

- Fragen zur Schildkrötenhaltung beantworten auch Ihr Zoofachhändler und der Zentralverband Zoologischer Fachbetriebe e.V., 63225 Langen,
Tel.: 06103/910732
(nur telefonische Auskunft möglich).

Zeitschriften

- ELAPHE und SALAMANDRA, Zeitschriften der DGHT, Locher Straße 18, D-53359 Rheinbach

- DATZ,
Eugen Ulmer Verlag,
Postfach 705061,
D-70574 Stuttgart

Impressum

© 2001 Gräfe und Unzer Verlag GmbH, München. Alle Rechte vorbehalten. Nachdruck, auch auszugsweise, sowie Verbreitung durch Bild, Funk, Fernsehen und Internet, durch fotomechanische Wiedergabe, Tonträger und Datenverarbeitungssysteme jeder Art nur mit schriftlicher Genehmigung des Verlages.

Redaktion: Anita Zellner, Gabriele Linke-Grün
Umschlaggestaltung und Layout: Heinz Kraxenberger
Satz/Herstellung: Heide Blut
Produktion: Susanne Mühldorfer
Reproduktion: w&co, München
Druck und Bindung: Stürtz
Printed in Germany
ISBN: 3-7742-1264-3

Auflage:	4.	3.	2.	1.
Jahr:	04	03	02	2001

Das Original mit Garantie

Ihre Meinung ist uns wichtig. Deshalb möchten wir Ihre Kritik, gerne aber auch Ihr Lob erfahren. Um als führender Ratgeberverlag für Sie noch besser zu werden. Darum: Schreiben Sie uns! Wir freuen uns auf Ihre Post und wünschen Ihnen viel Spaß mit Ihrem GU-Ratgeber.

Unsere Garantie: Sollte ein GU-Ratgeber einmal einen Fehler enthalten, schicken Sie uns bitte das Buch mit einem kleinen Hinweis und der Quittung innerhalb von sechs Monaten nach dem Kauf zurück. Wir tauschen Ihnen den GU-Ratgeber gegen einen anderen zum gleichen oder ähnlichen Thema um.

Ihr Gräfe und Unzer Verlag
Redaktion Heimtier
Postfach 860325
81630 München
Fax: 089/41981-113
e-mail:
leserservice@graefe-und-unzer.de

AUS LIEBE ZUM TIER
damit Ihr Heimtier sich wohl fühlt

Besuchen Sie uns im Internet:

www.gu-tierclub.de

ISBN 3-7742-3703-4
64 Seiten

ISBN 3-7742-3705-0
64 Seiten

ISBN 3-7742-3698-4
64 Seiten

WEITERE LIEFERBARE TITEL:

- In der Reihe TIERRATGEBER:
  Echsen, Frösche, Schlangen
- In der Reihe MEIN HEIMTIER:
  Die Schildkröte

Gutgemacht. Gutgelaunt.

So ist meine Schildkröte

Es kann vorkommen, dass Sie plötzlich verreisen müssen oder krank werden. Dann muss ein anderes Familienmitglied oder ein Nachbar kurzfristig die Pflege Ihrer Schildkröte übernehmen. Hier haben Sie die Möglichkeit, die Besonderheiten Ihrer Schildkröte einzutragen.

So heißt meine Schildkröte:

....

Daran erkennt man sie sofort:

....

So füttere ich meine Schildkröte:

....

Das sind ihre Leckerbissen:

....

Im Umgang mit ihr ist zu beachten:

....

....

Diese Pflegemaßnahmen ist sie gewöhnt:

....

....

Sie hält Winterruhe:

von ....

bis ....